www.ingramcontent.com/pod-product-compliance
Lightning Source LLC
Chambersburg PA
CBHW051322220526
45468CB00004B/1454
* 9 7 8 1 7 2 3 0 2 7 3 3 8 *